动物世界

童 心 编绘

化学工业出版社
·北京·

编写人员：

王艳娥　王迎春　康翠苹　崔　颖　王晓楠　姜　茵　李佳兴　丁　雪　李春影
董维维　陈国锐　寇乾坤

图书在版编目（CIP）数据

童眼识天下. 动物世界 / 童心编绘. —北京：化学工业出版社，2018.8（2025.1重印）
ISBN 978-7-122-32492-4

Ⅰ.①童…　Ⅱ.①童…　Ⅲ.①科学知识-少儿读物②动物-少儿读物　Ⅳ.①Z228.1②Q95-49

中国版本图书馆CIP数据核字（2018）第136484号

责任编辑：隋权玲　　　　　　　　　　　　　　文字编辑：焦欣渝
责任校对：王　静　　　　　　　　　　　　　　装帧设计：尹琳琳

出版发行：化学工业出版社（北京市东城区青年湖南街13号　邮政编码100011）
印　　装：北京宝隆世纪印刷有限公司
889mm×1194mm　1/24　印张4　2025年1月北京第1版第8次印刷

购书咨询：010-64518888　　　　　　　　售后服务：010-64518899
网　　址：http://www.cip.com.cn
凡购买本书，如有缺损质量问题，本社销售中心负责调换。

定　　价：22.80元

在生机勃勃的地球上，除了我们人类之外，广阔的大自然中还生活着各种各样的动物。它们有的徜徉于水中，有的在平原上奔跑，有的在林木间跳跃……毫无疑问，它们是地球漫长历史的见证者。

威风凛凛的狮子为了防止其他动物侵犯自己的领地，警惕地在草原上巡逻；凶悍的鬣狗们为了填饱肚子，集体出动，围捕一只落单的斑马；行动敏捷的猎豹飞驰在大草原上追赶猎物；憨态可掬的熊猫抱着一根竹子，幸福无比地咀嚼着；阴险的蛇潜藏在茂密的草丛里，静静等待着猎物上门……

哇，原来世界上有这么多种动物啊！想了解更多关于它们的知识吗？那就赶快走进《动物世界》一书，尽情感受动物们的魅力吧！

目 录
CONTENTS

丛林之王——东北虎　6

草原之王——狮子　7

短跑冠军——猎豹　8

亲如一家的大象　9

脖子惊人的长颈鹿　10

满身条纹的斑马　11

跳跃能手——袋鼠　12

跑跳能手——跳羚　13

喜欢潜水的河马　14

鼻子上长角的犀牛　16

潜伏杀手——尼罗鳄　17

体形最大的蜥蜴——科莫多巨蜥　18

沙漠之舟——骆驼　19

可以直立行走的黑熊　20

古灵精怪的环尾狐猴　21

表情丰富的黑猩猩　22

行动缓慢的树懒　23

憨态可掬的大熊猫　24

长着扁嘴巴的鸭嘴兽　25

动物工程师——河狸　26

挖掘能手——鼹鼠　28

神秘的旅鼠　29

长相酷似刺猬的针鼹　30

穿着铠甲的三带犰狳　31

身披铠甲的穿山甲　32

性格温顺的水豚　33

全身长满棘刺的刺猬　34

昼伏夜出的蝙蝠　35

机灵活跃的松鼠　36

可爱温顺的兔子　37

濒临灭绝的喙头蜥　38

退化的斑点蚓蜥　39

用尾巴缠死猎物的红尾蚺　40

毒液威力强大的眼镜蛇　41

尾巴会发声的木纹响尾蛇　42

伪装高手——变色龙　43

攀岩走壁的壁虎　44

长着蓝色斑点的蓝斑蜥　45

喜欢晒太阳的绿鬣蜥　46

长着头冠的绿双冠蜥　47

长寿的海龟　48

挖掘能手鱼螈　50

叫声像娃娃的中国大鲵　51

四肢发达的蝾螈　52

善于跳跃的雨蛙　53

食毒杀手——箭毒蛙　54

跳跃高手——青蛙　56

捕虫能手——蟾蜍　57

多脚怪——北美巨人蜈蚣　58

蜘蛛巨人——亚马孙巨人食鸟蛛　59

古老生物——中国鲎　60

原始的"过滤器"——海绵　61

海洋活化石——鹦鹉螺　62

背着"小房子"的寄居蟹　63

家族庞大的虾　64

美丽的杀手——水母　66

八爪智多星——章鱼　67

海洋中的热带雨林——珊瑚虫　68

全身都是软骨的七鳃鳗　70

长着棘刺的背棘鳎　72

会放电的电鳐　73

貌似风筝的魟　74

大个头蝠鲼　75

鬼鲨——银鲛　76

怪模样的双髻鲨　77

海洋杀手——大白鲨　78

海中老虎——鼬鲨　79

对人类威胁最大的公牛鲨　80

鲨中老虎——沙虎鲨　81

慢性子的鲸鲨　82

濒临灭绝的姥鲨　83

泳技高超的蓝鳍金枪鱼　84

背着帆的旗鱼　85

会飞行的飞鱼　86

洄游的大马哈鱼　87

伪装高手鮟鱇鱼　88

海洋中的刺猬——刺鲀　89

体色艳丽的蝴蝶鱼　90

色彩鲜艳的小丑鱼　91

爸爸孵化宝宝——海马　92

凶残好斗的淡水鱼——斗鱼　94

鱼中"珍宝"——中华鲟　96

丛林之王——东北虎

东北虎也叫西伯利亚虎，是现存体重最大、战斗力最强的肉食性猫科动物。在我国，它们被视为"丛林之王"。

动物秘密档案

虎身上的斑纹其实是一种伪装。有了这些斑纹，它们就能与那些形态多样的植物融为一体，偷偷接近猎物了。

动物名片

- 体长：2~2.3米
- 食性：肉食
- 科：猫科

生性凶猛

东北虎感官十分敏锐，性情凶猛，既会爬树，又善游泳。它们主要靠捕食野鹿、野猪等哺乳动物为生。

草原之王——狮子

狮子是猫科动物中最喜群居的动物，它们能够保持长期而稳定的群体关系，相互帮助，共同狩猎，照顾后代。

雌狮捕猎

一个狮群通常由4～35只狮子组成。它们团结协作，各有分工。不过，狩猎的任务通常由雌狮来完成。雌狮狩猎成功以后，会将食物先让给雄狮，之后才享受战利品。

守卫领地

雄狮主要负责守卫领地。它体格健壮、吼声震天，即便懒洋洋地趴在地上，浑身上下也散发出一种不怒自威的气势。如果有侵犯者出现，它不用有所动作，只需大吼一声，就作出了宣告："这是我的地盘！赶紧走开！"

动物名片

- 〽 **体长**：1.6～2.3米
- 〽 **食性**：肉食
- ❯ **科**：猫科

动物秘密档案

雄狮体形较大，脖子上有鬃毛，捕食时容易暴露。

短跑冠军——猎豹

猎豹喜欢栖息在丛林或疏林等地，平时多单独活动，只有在繁殖季节才会成对出行。

奔跑最快

猎豹是陆地上奔跑最快的动物，它们如果全速奔驰，时速能达到110千米。

伏击捕食

猎豹比较警觉，即使在散步、睡觉的过程中，也会时不时地侦察一下周围的情况。倘若碰到心仪的猎物，它们就会悄无声息地潜伏在草丛等隐蔽地方，寻找下手时机。不过，猎豹虽然有世界第一快的速度，却不能持续高速奔跑，它们捕食成功的概率也只有17%左右。

动物秘密档案

猎豹只适合短跑，它一旦持续速跑3分钟以上，体温就会急速增高，身体也会进入虚脱状态。

亲如一家的大象

大象生活在广阔的草原上，它们长着蒲扇般的耳朵，灵活的长鼻子和洁白弯曲的牙齿，更有像柱子一样粗壮的四肢。

温馨有爱的家庭

象群通常由有血缘关系的雌象以及它们的后代组成。在一个象群中，雌象不仅要照顾自己的后代，还要帮助其他成员抚养孩子。它们亲如一家，彼此爱戴。当危险来临时，年长的大象常会把幼象围在中间，保护它们不受伤害。至于雄性，只有在繁殖期才会加入象群，其余时间要么单独活动，要么与同性待在一起。

动物名片
- 体长：5.5～7.5米
- 食性：植食
- 科：象科

动物秘密档案

大象喜欢群居，成员之间利用碰鼻、各种姿势以及不同频率的声音进行沟通。

9

脖子惊人的长颈鹿

长颈鹿是世界上最高的陆生动物。它们只需静静站立，身高就有 5～8 米，就连刚出生的长颈鹿宝宝也有 1.5 米高。所以，它们不用踮脚，一抬头就能轻轻松松地吃到大树上的叶子！

长颈鹿的舌头上布满了黏液，上面有一层非常坚韧的硬皮，可以保护长颈鹿吃那些带刺的植物不被刺伤。

动物名片

- **体长**：5～8米
- **食性**：植食
- **科**：长颈鹿科

机警

它们生性机警，听觉、视觉都十分敏锐。一旦发现风吹草动，会立即奔跑着离开危险区。因为脖子过长，蹲起不便，长颈鹿大都站着小憩。实在疲乏的时候，才会躺下休息。

满身条纹的斑马

斑马是非洲草原上分布很广的一种动物，栖息地跨越热带以及温带地区。它们体形较大，特别善于奔跑，常以群体防御策略躲避猎食者的围追堵截。

神奇的斑纹

斑马身上的斑纹就像人的指纹一样，每一只都不相同。斑马身上的花纹有伪装和证明身份的作用。不仅如此，科学家研究发现，斑马条纹还能防止蝇虫叮咬呢。

动物名片

- 体长：2.1 ~ 2.5米
- 食性：植食
- 科：马科

跳跃能手——袋鼠

袋鼠是有袋目动物中最典型的代表。在澳大利亚，无论是湿热多雨的雨林，还是炎热干燥的沙漠，都有它们的身影。袋鼠不会正常行走，只能依靠强健的四肢进行跳跃。

动物名片

- **体长**：0.8~1.6米
- **食性**：植食（如嫩草、树叶、香草等）
- **科**：袋鼠科

袋鼠打架

袋鼠属于群居动物，经常大规模聚集在一起，让猎食者不敢轻易靠近。不过，看似团结的袋鼠为了争夺家族地位和交配权，有时也会爆发激战。两只袋鼠争斗时，会以粗壮的尾巴为支点站立起来，然后"手脚并用"，全力厮杀。必要时，它们还会用后腿狠踢对方。

动物秘密档案

小袋鼠刚刚出生时，没有视力，体表也没有毛。袋鼠妈妈会把它们放到育儿袋中喂养。

跑跳能手——跳羚

跳羚喜欢栖息在开阔的热带稀树草原上。它们天生善于奔跑和跳跃，最高可跳 3.5 米，最远可跳 10 米。即使与速度之王——猎豹相比，跳羚的跑跳技能也并不逊色。

有危险？我跳！

草原上有很多猛兽，危险无处不在，跳羚也经常成为这些猛兽的追击目标。不过，跳羚不像其他羚羊那么柔弱。当危险来临时，跳羚会不停地跳跃，扰乱敌人的视线；或是用忽左忽右的跳跃方式躲避敌人的追击。

动物名片

- 体长：1.2～1.5米
- 食性：植食
- 科：牛科

动物秘密档案

小跳羚出生不到几个小时就能又蹦又跳了，十分活泼。大约在 5~6 个月以后，一直靠妈妈哺乳的小跳羚开始自己吃草。

喜欢潜水的河马
☆ ☆

河马有的爱好群居，有的喜欢独栖。但相同的是，它们都非常喜爱温暖潮湿的环境，栖息地均离水源不远。

动物名片

- 🐾 体长：3～5米
- 🦷 食性：植食
- ➤ 科：河马科

怎样降温

河马身上没有汗腺，不能像其他动物那样通过出汗来调节体温，所以无法在没有水的环境中待太久。为了降温，它们几乎时时泡在水中。

河马是世界上嘴巴最大的陆生哺乳动物，它的双颌甚至能撑开到150度。

14

对孩子温柔

虽然河马极具攻击性，但它们对自己的孩子可是相当温柔的。除了每日的悉心照料之外，河马还会将孩子背在自己的背上，教它们游泳、吃草。

动物秘密档案

河马的皮肤有一种特别的腺体，这种腺体能够分泌出红色的黏稠液体，可以帮助河马"防晒"，还能防止蚊虫的叮咬。

15

鼻子上长角的犀牛

犀牛体形巨大，它们最显著的特征是口鼻处有一根或两根纤维化角质素大角。角是犀牛抵御敌人的武器，也是同类相争时较量的工具。

传统医学认为犀牛角是十分珍贵的医药原料。正是由于这个原因，犀牛遭到不法猎人捕杀，处境变得十分危险。

犀牛的好伙伴

犀牛的身上会生长一些扁虱和寄生虫，而这些虫子正是牛椋（liáng）鸟的最爱。牛椋鸟常常站在犀牛的背上捕食，犀牛十分享受这种感觉。如果敌人来犯，牛椋鸟也会给予警示，让犀牛及时做好防范。

潜伏杀手——尼罗鳄

尼罗鳄是鳄鱼家族的巨型杀手。它除了吃昆虫和小型无脊椎动物外，还专门捕食羚羊、斑马、水牛等大型哺乳动物。

动物名片

- 体长：2.4～6米
- 食性：肉食（如鱼类，羚羊等）
- 科：鳄科

牙签鸟是鳄鱼的好伙伴，它不仅在鳄鱼身上啄食小虫，还会啄食鳄鱼牙缝里的食物残渣和寄生虫。

凶猛的猎者

尼罗鳄是一种大型鳄鱼，是河流中凶猛的猎食者。尼罗鳄拥有强壮的身体，通常采用的捕食方法是将猎物赶入水中，然后咬住它们一圈又一圈地旋转，最终撕咬成块，吞进肚子里。

体形最大的蜥蜴——科莫多巨蜥

科莫多巨蜥又叫科莫多龙，是世界上最大的蜥蜴。它拥有强健的体魄和锋利的牙齿，尖锐的脚爪可以撕裂猎物的肉，粗壮的尾巴能扫倒敌人。

动物名片

- 体长：2~3米
- 食性：肉食
- 科：巨蜥科

巨蜥分叉的舌头就像是雷达的天线，可以感知空气的气味，收集各种有效信息。

大胃王

科莫多巨蜥的胃就像橡胶皮囊，很容易扩张。成年科莫多巨蜥进食时狼吞虎咽，一顿饭能吃下高达自身体重80%的食物。所以，它们在餐前餐后的体重相差很大。

沙漠之舟——骆驼

早在 4000 多年前，人类就开始驯养骆驼，经过漫长的演化，它们已经完全适应了严酷贫瘠的沙漠环境，并帮助人类在那里生存下来。发展至今，骆驼已经成为沙漠中必不可少的一种交通运输工具，堪称"沙漠之舟"。

动物名片

- 🐫 **体长**：2.5 ~ 4 米
- 🍴 **食性**：植食（如草、树叶、谷物等）
- ➡ **科**：骆驼科

动物秘密档案

当沙尘暴来临，骆驼会紧闭眼睛，让长长的睫毛将风沙阻挡在外面；同时，它们还会闭上鼻孔，自动戴上密不透风的"口罩"。

强大的适应力

骆驼的脚趾之间有脚蹼，蹼下有肉垫。当它们在沙漠上行走时，只要把脚掌展开，就不会陷入沙子里。此外，骆驼血液中的细胞是椭圆形的，这可以防止血液因天气过热稠化。加上驼峰可以储备很多脂肪，本身水分消耗又很低，所以即使在沙漠里一连几天滴水未进，它们也能忍饥耐渴，正常生存。

可以直立行走的黑熊

黑熊是森林里出了名的慢性子，它们喜欢悠闲地在树丛里穿行，偶尔也会像人类一样直立行走。如果找到了美味的果实，黑熊就会坐在地上，悠闲地享用美食。

身姿矫健的"胖子"

黑熊外出散步时，四肢移动的频率不高，动作常显得过于缓慢。但它们追逐猎物时，速度却快得出奇。遇到敌害时，黑熊还能使出绝招，以后腿为支撑站立起来，给对方以强大的震慑力。不仅如此，它们有事没事还会到树上活动一下，舒活筋骨。

动物名片

- 体长：1.5 ~ 1.7米
- 食性：杂食
- 科：熊科

动物秘密档案

黑熊的视觉不是非常发达，但嗅觉特别灵敏。它们能准确分辨出数百米之外的气味，这对黑熊觅食、躲避敌人非常有利。

古灵精怪的环尾狐猴

环尾狐猴生活在非洲马达加斯加岛，它们在这个"动物之岛"上适应了各种生态环境。

栖息地

环尾狐猴喜欢栖息在热带雨林或干燥的森林、灌木丛中，也有的生活在竹林、芦苇区、山地。它们有时以家庭为单位结群活动，但大多数时间是独栖的。

动物名片

- 体长：30～45厘米
- 食性：植食
- 科：狐猴科

身轻体健

环尾狐猴因尾巴上的十多条环状花纹而得名。它们健壮的后肢格外有力，能轻易完成攀爬、奔跑、跳跃这些高难度动作。

表情丰富的黑猩猩

黑猩猩多成群生活在视野开阔的林地和草地。它们身体健壮，手臂长而有力。除了植物和昆虫，黑猩猩偶尔也猎食一些小型哺乳动物解馋。

动物界的表情帝

黑猩猩的面部表情十分丰富，它们借此表达自己的喜怒哀乐。当黑猩猩噘起嘴唇的时候，这可能是在示好；如果它们紧闭双唇，则意味着可能处于惊恐之中；倘若它们缩回嘴唇，露出紧闭的牙齿和粉红色的齿龈，这就表示它们正在示威，提醒对方别招惹自己。

黑猩猩有灵巧的手指，可以轻松抓握各种物体。

动物名片

- 体长：约1米
- 食性：杂食
- 科：猩猩科

动物秘密档案

黑猩猩从出生起，就跟随母亲学习如何利用树枝捕食白蚁，利用石块砸碎坚硬的果壳吃到果仁。

行动缓慢的树懒
☆☆

树懒一生大部分时间都在睡觉，即使醒来，也喜欢静静地待在树上吃树叶，不怎么活动。

强大的胃

树懒即使在树上寻找食物时，动作也异常缓慢，因此代谢率较低，不会过量消耗体能。雨林树叶大都含有毒素，这对爱吃树叶的树懒来说并不是什么难题。树懒的胃能中和这些毒素，只不过需要的时间有些长而已。所以，树懒要么不吃，要么就一次吃个够。

树懒体毛为灰褐色，不过身上会附着绿色的藻类植物。

动物名片

- 体长：50～60厘米
- 食性：植食（以树叶为主）
- 科：树懒科

憨态可掬的大熊猫

熊猫数量很少，是世界上最珍稀的动物之一。这种毛色黑白相间的动物，只生活在我国，被誉为"中国国宝"。它们憨态可掬，性情温顺，深受全世界人民的喜爱。

食物

大熊猫虽然以食竹为主，但它们的食物种类也十分丰富，只不过这些食物都与竹子有关。万物复苏的春天，大熊猫多吃竹笋；夏天，竹木生长茂盛，它们吃竹叶；到了秋天，它们则专挑竹子的嫩茎下口。偶尔，它们也会捕捉竹林里的竹鼠等小动物调剂口味。

动物名片

- 体长：1.5～2米
- 食性：杂食（以竹子为主）
- 科：熊科

动物秘密档案

大熊猫每天进食竹子的重量是它体重的40%，堪称"大胃王"。

长着扁嘴巴的鸭嘴兽

鸭嘴兽因拥有鸭嘴状的喙部而得名，它们是澳大利亚象征性的动物之一，仅分布在澳大利亚大陆东南部和塔斯马尼亚岛。

穴居

鸭嘴兽常穴居在河边的洞中。当它们潜入水中时，会自动封闭眼、耳，仅凭柔软的喙感触周围的环境，捕食昆虫幼虫以及其他无脊椎动物。

又扁又阔的尾巴里满是脂肪。

动物名片

- 体长：40~50厘米
- 食性：肉食（如昆虫幼虫以及其他无脊椎动物等）
- 科：鸭嘴兽科

前爪的蹼可以缩起，以便在陆地上行走。

动物秘密档案

繁殖期间，雄性鸭嘴兽后足会生长出一根小刺。这根小刺连接着储藏麻痹毒液的毒囊，鸭嘴兽就是用它来自卫。更令人称奇的是，鸭嘴兽既能像鸟类那样产卵孵化，又能用奶水哺育幼仔，属于奇异的"卵生哺乳动物"。

动物工程师——河狸

河狸堪称动物界伟大的"工程师"。它们会修筑水坝，建造木屋，有时它们建造的工程令人类也自叹不如。

动物名片

- 体长：40～120厘米
- 食性：植食（如水生植物、树叶等）
- 科：河狸科

动物秘密档案

河狸有不断生长的切齿。为了让切齿变得锋利，方便工作和摄食，只要一有时间，河狸就会跑去"磨牙"。在日复一日的磨炼中，河狸的切齿越来越坚固，能咬断粗壮的树枝和树干。

它们拥有浓厚的毛皮、扁平的尾巴以及带蹼的后爪，这让它们的游泳、潜水能力都十分出色。

水上居所

　　河狸比其他动物更懂得享受生活，它们将居所建在河流之上，日日与水为伴。但盖房子对河狸来说并不是一个简单的工程，家族成员需要四处寻找可作建筑材料的树枝、泥土和石块。当材料齐全以后，河狸就会把这些材料混合，一点一点地在水上盖起类似窝棚的木屋。

筑坝为塘

　　为了营造出更舒适、安全的生活环境，河狸们会合力修建一条长长的水坝。有了这条水坝阻挡，木屋周围的水流就变得平缓起来，俨然一处清幽的小池塘。更重要的是，这个池塘变成了圆形的护城河，能够使木屋洞口位于水下，阻挡外来者入侵。但随着时间推移，这个池塘会逐渐淤积，附近的食物供应也已经耗尽。这时，河狸家族就会寻找新的地点，开始建造新的家园。

挖掘能手——鼹鼠

鼹鼠的爪子特别有力，就像两把小铲子一样，能够帮助鼹鼠挖掘隧道。鼹鼠是个挖土小能手

动物名片

- 🏛 **体长**：15～20厘米
- 🍴 **食性**：肉食（如蚯蚓、蠕虫等无脊椎动物）
- ▶ **科**：鼹科

地道的妙用

　　鼹鼠一生中的大多数时间都栖息在复杂的地道中。这个地道由一条主道、若干支道以及育儿房构成。地道既是鼹鼠休息和繁育后代的场所，也是它们收集食物的陷阱。蚯蚓、蠕虫等无脊椎动物经常误打误撞掉进这个陷阱，送上门成为鼹鼠的"点心"。

　　星鼻鼹是个名副其实的游泳高手，它们时常到水中捕捉猎物。

动物秘密档案

　　鼹鼠口鼻异常灵敏，皮毛也可倒向任何方向，在地下生活完全得心应手。

神秘的旅鼠

旅鼠主要栖居在美洲、欧亚大陆北部，非洲也有一定数量的分布。它们大都白天躲在洞中休息，夜晚外出觅食。它们善于挖掘洞穴，食物以植物为主，有些种类也吃肉类。

"死亡之谜"的传说

旅鼠繁殖迅速，数量庞大，但至今为止仍然保持着种族平衡。19世纪中后期，人类偶然发现一个现象：旅鼠有大规模迁移跳海自杀的行为。这种现象不定期地发生，人们至今都没有找到它们自杀的确切原因。很多人认为，旅鼠的繁殖能力太强，种族数量过于膨胀时，成员就会缺乏生存空间。为了使种族得以延续，部分旅鼠就会选择这种极端方式结束生命，定期奔赴"死亡之约"。

动物名片

- 体长：10~18厘米
- 食性：杂食
- 科：仓鼠科

一只成年雌性旅鼠一年可生7~8胎，每胎约有12个幼崽。这些幼崽只需20多天就可成熟，随后便可生育。

长相酷似刺猬的针鼹

长相酷似刺猬的针鼹，因为身体长有尖刺，主要以蚁类为食，所以有的针鼹科动物也被称为刺食蚁兽。

生活习性

针鼹栖息在沙石密布、灌木丛生的岩石缝隙或自掘的洞穴中，主要依靠灵敏的听觉和嗅觉生活。遇到敌害时，它们还能像刺猬一样缩成球，保护自身安全。

特殊的繁殖方式

雌针鼹到了繁殖期，腹面的皮肤会褶皱成临时的育儿袋。雌针鼹把卵直接由泄殖孔排到育儿袋中，经过10天左右的发育，针鼹幼崽就会出生。靠母乳喂养约2个月后，小针鼹长出体刺，就可以脱离育儿袋生活了。

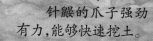

针鼹的爪子强劲有力，能够快速挖土。

穿着铠甲的三带犰狳

三带犰狳的"铠甲"分成三部分，其中中段的"铠甲"呈带状，和肌肉连在一起，可以自由伸缩。三带犰狳的名字就是由此而来。

保命有绝招

三带犰狳遇到敌害时，不是像其他犰狳那样快速掘洞逃命，而是将自身蜷缩成一个硬球，并在硬球上留有小口。等敌人妄图探入利爪时，它们再突然将对方的利爪夹住，给敌人以打击。

三带犰狳身上有一层坚硬的骨质鳞甲，好像穿着铠甲一样，十分威武。

三带犰狳的嗅觉非常灵敏，可以闻到地面以下20多厘米处的猎物散发的气味。

动物名片

- 体长：35～45厘米
- 食性：肉食（蚁类等）
- 科：犰狳科

身披铠甲的穿山甲

穿山甲体表有一层从厚皮生长出来的角质鳞甲，这让它们看起来颇为与众不同。

我们的生活

穿山甲科动物属于夜行性动物，平时主要栖息在山坡洞穴内，傍晚才外出觅食。它们外表大体相似，目前分为树栖和地栖两种。其中，树栖种类多分布在非洲大陆。

南非穿山甲行走缓慢，嗅觉灵敏，还会游泳。

动物名片

- 体长：30~92厘米
- 食性：肉食（如蚂蚁、白蚁、蜜蜂等）
- 科：穿山甲科

为了食物

穿山甲科动物食量很大。为了寻找食物，它们经常在地上四处挖洞，有时还会爬树。

动物秘密档案

穿山甲的舌头比它们的头部和身体的总和还长。平时，它们把这个秘密武器缩在口中，只有捕食时才会快速伸出来。

性格温顺的水豚 ☆☆

水豚是半水栖动物，是世界上最大的啮齿动物。它们以植物为食，喜欢群体生活，时常聚集在一起，共同活动。

动物名片

- ⛰ 体长：1～1.3米
- 🍴 食性：植食
- ➡ 科：水豚科

以水为家

水豚一生都生活在近水区域，游泳技术高超。如果遇到危险，它们会第一时间跑到水中，把自己隐藏起来。直到敌害无可奈何地离去，水豚才会小心翼翼地露出水面。不仅如此，它们只需将鼻孔暴露出来，睡觉、交配、纳凉等行为几乎都可以在水中进行。所以对于水豚来说，水环境非常重要。

动物秘密档案

水豚并不履行"一夫一妻制"，家庭中往往有1个雄性和若干个雌性。

全身长满棘刺的刺猬

刺猬浑身上下长满了短短的棘刺，好像穿了一件"针衣"似的。当危险来临时，针衣的威力就发挥出来了，刺猬会蜷缩成一个刺球，让敌人难以下嘴，从而保护自己。

有危险！我缩！

刺猬除了头、腹部和尾巴以外，全身都长满了尖刺。虽然有尖刺护身，这些小家伙胆子还是很小。当它们受到惊吓时，不会慌不择路地逃跑，而是迅速将头、脚缩到肚子下面，让身体变成一个圆球，竖起身上的棘刺进入防御状态。敌人再怎么厉害，面对这一根根尖刺也难以下咽，只能无奈放弃。

动物名片

- 体长：15～30厘米
- 食性：杂食
- 科：猬科

昼伏夜出的蝙蝠 ☆ ☆

蝙蝠是哺乳动物中唯一能拍动翅膀并真正进行远距离飞行的动物，可在较广范围内利用回声定位的绝技寻找食物。

会飞的哺乳动物

蝙蝠前后肢与各个长指形成一种翅翼结构，上面覆有大片皮膜。皮膜是双层的，既有弹性又非常坚韧。当它们飞行时，只要控制好翼手，就能像鸟类那样自由翱翔。虽然飞行技术稍差一些，但这足以让它们成为哺乳动物中的佼佼者。

动物名片

- 🔲 **体长：** 3.5～4.5厘米
- 🔩 **食性：** 肉食（如飞蛾、蚊蚋等）
- ➢ **科：** 蝙蝠科

动物秘密档案

蝙蝠有回声定位的本领。当蝙蝠飞行时，会发出一连串的"咔哒"声。声音遇到物体，能像回声一样反射回来。通过回声，蝙蝠就可以确定对方是否是昆虫，距离自己有多远。猎物距离蝙蝠越近，蝙蝠发声的频率就越高。

机灵活跃的松鼠

松鼠长着毛茸茸的长尾巴，拥有尖锐的爪子和绝佳的视力，非常活跃，全世界的森林里几乎都有它们的身影。

有限的记忆力

松鼠喜欢收集坚果、种子、菌类等食物，并习惯把这些食物小心翼翼地埋藏在隐蔽的地方。但因为时间过久遗忘，它们不得不再花费时间去寻找收藏食物的地方。

食物收藏

寒冷的冬天很难熬，食物缺乏，所以大多数松鼠平时都有储藏食物的习惯。松鼠们会找到一个储藏点，比如空树桩或树洞，然后它们便开始不停地往里面运送食物，直到填满为止。

动物秘密档案

松鼠家族成员很多，主要分为树栖性和地栖性两类。树栖性松鼠的身体轻盈，善于攀附树木，食性较杂，特别喜欢独居。而地栖性松鼠，如地松鼠、草原犬鼠、土拨鼠和花鼠等有群居的习惯，它们偏好吃青草和香草。

动物名片

- 体长：20～22厘米
- 食性：杂食
- 科：松鼠科

可爱温顺的兔子

兔子生活在荒漠、草原、热带疏林、森林中，它们善于奔跑和跳跃，是许多肉食动物的狩猎对象，遇到敌人时，它们会用发达的后腿自卫。

三瓣嘴

三瓣嘴是兔子家族的独特标志。在很久以前，家兔的祖先生活在野外，它们的主要食物就是啃食各种草根。为了不让嘴唇摩擦受伤，两颗大门牙可以更好地咬住草根，于是慢慢地将上嘴唇进化成两瓣，变成了"三瓣嘴"。

动物名片

- 🦴 **体长**：40~68厘米
- 🍴 **食性**：植食
- ▶ **科**：兔科

兔子长长的大耳朵就像一张雷达网，能轻易把周围的声音收集起来装进它的耳洞里。

动物秘密档案

兔子身上有一种臭腺，可以散发出刺鼻的腥臭味，这就是它们的信息联络码。有的兔子依靠身体摩擦来传递信息。

濒临灭绝的喙头蜥

喙头蜥只分布在新西兰北部沿海的少数小岛上，数量稀少，濒临灭绝。它们栖息在海鸟筑成的地下洞穴中，能与海鸟和睦相处，互不侵犯。

动物名片

- **体长**：40～80厘米
- **食性**：肉食（如昆虫、软体动物等）
- **科**：喙头蜥科

喙头蜥下颌的牙齿咬在上颌的两排牙齿之间。

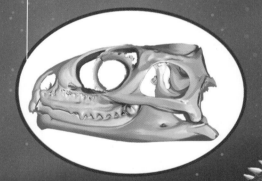

动物秘密档案

喙头蜥寿命较长者可达100多岁。

胆子小

喙头蜥又叫楔齿蜥，是典型的夜行性动物。它们受到惊扰时会快速躲避起来。但是，倘若遇到心仪的猎物，喙头蜥只要咬到就不会轻易松口。

退化的斑点蚓蜥

☆ ☆

斑点蚓蜥身上有环形鳞片，但没有手足。经过漫长的进化，其胸部（肩带）和骨盆已经退化，只剩下了短尾。

动物名片

- 体长：30 ~ 45厘米
- 食性：肉食（如小型脊椎动物和昆虫等）
- 科：蚓蜥科

斑点蚓蜥穴居于地下，善于挖掘、钻凿洞穴。

地下生活

斑点蚓蜥身上长有很多黑白花纹。它们一生中大部分时间都会在地下生活，不过有时也会在夜间到地面透气。

近亲有前肢

蚓蜥科动物是没有四肢的。而它们的近亲双足蚓蜥科动物却不同，长着细小的前肢。不过，这些"长脚"的双足蚓蜥同样穴居在地下，以蠕虫和昆虫为食。

五趾双足蚓蜥

用尾巴缠死猎物的红尾蚺

红尾蚺的身体多以红色或棕色为基调，而尾部是砖红色的，背部则以褐黄色的斑纹为主。值得一提的是，它们的尾巴十分有力，能将猎物牢牢缠住。

动物名片

- **体长**：1.8～3米
- **食性**：肉食（如爬行动物、哺乳动物等）
- **科**：蟒蚺科

动物秘密档案

雌蛇一般可以产几十枚卵，最多能达到100多枚。它们有蟠伏在卵上的习性。

捕杀猎物

蛇类的舌头能分辨出空气中的各种味道，脸部颊窝则能感知到物体热量。它们就是凭借这两项技能追踪猎物的。蟒蚺科动物一旦捕得猎物，就会立刻用身体紧紧缠绕住对方，用力挤压，等到对方窒息、停止挣扎后，再慢慢享受美食。

毒液威力强大的眼镜蛇

☆ ☆

眼镜蛇分布十分广泛，除欧洲外，其余几大洲都有它的身影。眼镜蛇的毒性很强，而且脾气不好，很容易被激怒，攻击性非常强。

捕杀猎物

眼镜蛇属于前沟牙毒蛇。它有固定的短前牙，在快速出击、咬住对方的时候，能促使毒液发挥强大威力。更神奇的是，它的毒液不仅可以麻痹猎物，还有助于吞食和消化猎物。

中华眼镜蛇，又名舟山眼镜蛇，属于大型蛇类。

动物秘密档案

黑曼巴蛇也是眼镜蛇科的一员，因口腔是黑色的而得名。黑曼巴蛇是非洲最长的毒蛇，也是世界上爬行速度最快的蛇，可达 16~20 千米/小时。

动物名片

- 🏔 **体长**：1.2 ~ 2米
- 🍴 **食性**：肉食（如鸟类和小型哺乳动物等）
- ➢ **科**：眼镜蛇科

尾巴会发声的木纹响尾蛇

别看木纹响尾蛇性情温驯，但它们的毒液毒性却很强，是北美洲最危险的蛇类之一。

动物名片

- 体长：0.9~1.6米
- 食性：肉食（如小型哺乳动物等）
- 科：蝰蛇科

动物秘密档案

木纹响尾蛇未成年时，捕食蚯蚓、蜥蜴；等到成年后，就会改变口味，开始捕食哺乳动物和鸟类。

会发声的尾巴

响尾蛇的尾巴末端有一串角质环，由相连的角蛋白空节组成，是多次蜕皮后的残存物。遇到敌人或急剧活动时，它们的尾巴会迅速摆动，每秒可达40~60次，响尾中空的部分互相碰撞，能长时间发出响声。

折叠的牙齿

蝰蛇科的蛇有着短而略高的上颌，在前端长着一对管状毒牙，长长的有些弯曲，还可以折叠收回。毒牙在它们张开嘴的时候会竖立起来，闭上嘴的时候会倒卧于口腔背部，是方便又快捷的毒器。

伪装高手——变色龙

变色龙因能根据光度、温度、湿度等因素变换身体的颜色而得名。它们大多栖息在树上，不过，有时也会在草本植物上发现它们的身影。

变色龙的两只眼睛独立转动，紧紧聚焦眼前的猎物。

变色龙的舌头又长又黏滑，上面有腺体，分泌出的分泌物可以粘住昆虫。

变色

自然界中的动物大都是通过调节黑色素的聚集和发散来变色的，而变色龙却是通过调节皮肤表面的纳米晶体改变光的折射，进而实现变色的。这样做，不仅能让它们外表看起来更加华丽、吸引异性，还能使自己更好地隐匿在自然环境中，躲过捕食者的视线。

攀岩走壁的壁虎

☆☆

壁虎以出色的攀爬能力享誉动物界，墙壁、天花板等看似无法攀爬的地方，壁虎总有办法上去游览一番。

生活

在树林、山区、荒漠及人类居住的房屋内，都有可能看到壁虎科动物。它们是"夜行侠"，大多在夜间活动，主要捕捉昆虫作为食物。

动物名片

- 🔶 **体长**：约30厘米
- 🍴 **食性**：肉食（如昆虫、小鸟、小壁虎）
- ➡️ **科**：壁虎科

大壁虎是最大的壁虎，也是我国国家二级保护动物。随着环境的不同，它们身体的颜色也会有所变化，拥有极强的伪装能力。

壁虎的脚趾扩展，每个脚趾垫上都有脊状凸起，并覆盖着微小的绒毛组织，能牢牢地攀附在物体表面。

长着蓝色斑点的蓝斑蜥

蓝斑蜥多栖息在开阔的草丛中或森林中，平时喜欢捕食昆虫。

动物名片

- **体长**：60 ~ 80厘米
- **食性**：肉食（如昆虫、小型蜥蜴等）
- **科**：蜥蜴科

动物秘密档案

蜥蜴科成员的尾巴都很长，但要论尾巴最长者，就不得不提南草蜥。南草蜥的尾巴长度是身体的两倍。它们喜欢栖息在开阔的草地。

因斑点而得名

蓝斑蜥也叫珠宝蜥，因体表有很多淡蓝色的斑点而得名。这种蜥蜴体形十分粗壮，头部和上下颚均比较发达。

喜欢晒太阳的绿鬣蜥

绿鬣蜥是一种树栖性蜥蜴，它们一生中的大部分时间都是在树上度过的。每天清晨，绿鬣蜥都要离开栖息地，爬到更高的地方去晒太阳。

同族

斗篷蜥和绿鬣蜥同是鬣蜥科成员。斗篷蜥既能在树上捕食，也能在陆地生活。它们受到威胁时，会竖起伞状褶皱向敌人示警。

美食

绿鬣蜥是卵生、草食动物，树叶、果实甚至海藻都是它们的美食。

动物名片

- **体长**：1.2 ~ 1.7米
- **食性**：植食（以植物叶子、果实为主）
- **科**：鬣蜥科

长着头冠的绿双冠蜥

绿双冠蜥生活在雨林或者热带地区的矮树丛中。它的尾巴很长。平时以树栖为主，擅长游泳，还能在水面上奔跑。

动物名片

- 体长：70~90厘米
- 食性：肉食（如虫类、鱼类等）
- 科：冠蜥科

头冠

绿双冠蜥的头冠分为两片，是名副其实的双冠蜥。而且，只有雄性的绿双冠蜥才长有头冠。

在水面上奔跑

由于脚趾边长有褶层，巧妙地增加了脚的受力面积，因此绿双冠蜥可以在水面上用后肢奔跑一段距离。

长寿的海龟

海龟是古老的爬行动物，它们身体又宽又短，一般后背和腹部都长有甲壳。它们的寿命比较长，一般可活数十年，有的甚至高寿到 200 多岁。

绿海龟

绿海龟的脂肪是绿色的，它们因此而得名。绿海龟的背甲一般是茶褐色或暗绿色的，具有从中央向四周放射的斑纹，非常美丽。令人惊讶的是，为了适应海水中的生活环境，它们还在眼窝后面长出了排盐的腺体，能够把体内过多的盐分排出体外。

像海龟一样，陆龟的腿也随着生存环境的变化而产生了进化。它们的腿主要用来在干燥的陆地上负重行走，因此腿部有铠甲般的鳞片、大象般的无蹼脚趾和用来支撑体重的扁足。

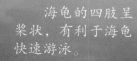

海龟的四肢呈桨状，有利于海龟快速游泳。

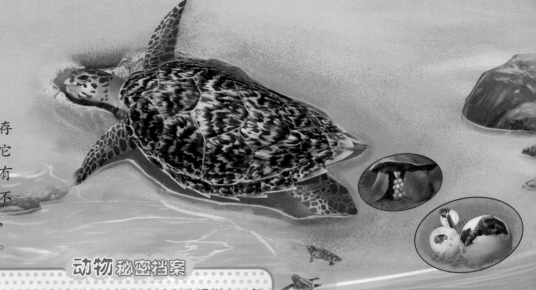

玳瑁

　　玳瑁（dài mào）是现存最古老的爬行动物之一。它们的嘴长得很像鹦鹉，还有一条短短的小尾巴，通常不露出甲外。最令人惊叹的是，玳瑁居然能消化坚硬的玻璃。

动物秘密档案

　　雌海龟会亲自在岸边沙滩上挖掘巢穴，然后把卵产到那里。卵孵化后，幼龟们就会从沙巢中钻出来，成群地奔向大海。它们步履匆匆，否则随时都有可能被天敌吃掉。

丽龟

　　丽龟，又叫太平洋丽龟，是海生龟类中最小的一种。丽龟有一个保护自己的好东西，那就是它们身上坚固的甲壳。在受到袭击时，它们能把头、尾及四肢全都缩回龟壳里。

挖掘能手鱼螈

☆ ☆

鱼螈主要分布于亚洲的热带地区。它们的身体是长圆形的，没有四肢，看上去很像蚯蚓或蛇，裸露的皮肤上还有环状的皱纹和黏液。

挖掘小能手

鱼螈科的成员们有一个挖掘的法宝，那就是它们子弹形的头盖骨。坚硬的头盖骨就像钻土机一样，能轻易挖开层层土壤。而且它们还有流线型的好身材，可以通过波浪形的运动，让自己在土壤中灵活自如。

动物秘密档案

鱼螈科的成员大多是卵生的，也有卵胎生的，在卵被孵出来之前，雌性鱼螈会非常认真地用身体盘绕着后代，以保证它们的安全。

动物名片

- 🔲 体长：约38厘米
- 🍴 食性：肉食（如蠕虫、昆虫幼虫等）
- ➤ 科：鱼螈科

版纳鱼螈的背部是棕黑色的，侧面还有一条黄色的纵带纹。

鱼螈身上还有其他脊椎动物所没有的感应触须。

叫声像娃娃的中国大鲵

　　中国大鲵是我国国家二级重点保护野生动物，也是我国的国宝之一。因为叫声与婴儿啼哭类似，它们也被叫作"娃娃鱼"。值得一提的是，中国大鲵是现存两栖动物当中体形最大的一种。

机智捕食

　　清澈、低温的溪流或者天然溶洞都是中国大鲵自由活动的天地。中国大鲵是肉食性动物，捕食时，它们会静静地停留在流水中，张着嘴等待鱼、蟹、蛙、蛇等水生动物自投罗网。中国大鲵的牙齿又尖又密，猎物一旦进入它们的嘴里，就很难逃脱了。

动物名片

- 🐾 **体长**：一般1米左右，最长可达2米
- 🍴 **食性**：肉食（如鱼类、蜥蜴、蠕虫、昆虫等）
- ▶ **科**：隐鳃鲵科

四肢发达的蝾螈

蝾螈科广泛分布于北半球的温带地区，包括欧洲、非洲东北部、亚洲南部和东部、北美洲等地区。虽然这些小动物体长一般都不超过 20 厘米，但是它们却拥有相当发达的四肢。

蝾螈小时候生活在水里。在成熟之前，它们都是用长有绒毛的鳃来呼吸的。

动物名片

- 体长：8.9 ~ 20 厘米
- 食性：肉食（如昆虫、蜗牛、鱼类、蠕虫、甲壳类等）
- 科：蝾螈科

动物秘密档案

火蝾螈身上的颜色十分艳丽，但事实上，这却是一种无声的警告：我们的皮肤是有毒的，碰了就要遭殃！

冠欧螈

想要分辨冠欧螈的性别非常简单，在它们的繁殖季节，你一眼就能根据背上的冠将雄性冠欧螈认出来。除了这个特征，雄性冠欧螈还是舞蹈高手，它们会在水下表演复杂的舞蹈，来吸引雌性。

善于跳跃的雨蛙

雨蛙大小不等，有的身体只有十几毫米长，有的则达十几厘米。它们善于跳跃，动作敏捷。

善跳跃

几乎所有雨蛙科的成员都有着优美的流线型身体，长长的双腿更加有助于它们在树枝间跳跃。

求偶

繁殖期，很多雄性蛙都会鼓起声囊，发出很大的声音，以吸引雌性的注意，让心仪者闻声而来。

动物名片

- **体长**：2.5 ~ 14厘米
- **食性**：肉食（如昆虫、老鼠等）
- **科**：雨蛙科

雨蛙大多长着趾垫，黏性很强，就像一个吸盘，能够黏着在物体的表面。

动物秘密档案

绿雨滨蛙是一群"跳远高手"。当它们受惊或捕食时，可以跳出很远。此外，在攀爬树木时，绿雨滨蛙的动作也十分矫捷。

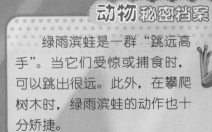

食毒杀手——箭毒蛙

箭毒蛙的皮肤可以分泌出剧毒的毒液，当地人常把这些毒液涂抹在箭头上狩猎，所以它们才有了这么个杀气十足的名字。多数箭毒蛙都有着鲜艳斑斓的体色，实际上这些颜色是它们的警戒色，意在警告大家不要招惹它们。

动物名片

- 🐸 **体长**：3～5厘米
- 🐸 **食性**：肉食（如昆虫等）
- ▶ **科**：箭毒蛙科

动物 秘密档案

热带雨林中的某些植物和昆虫含有剧毒，箭毒蛙在进食这些食物的过程中，会将这些毒素转化为自己的"撒手锏"。所以当危险靠近时，箭毒蛙就会排出含有毒素的物质来保护自己。

草莓箭毒蛙的毒性不强，却可以散发出难闻的气味，这是它们保护自己的最佳武器。

钻蓝箭毒蛙的皮腺也能分泌毒素，所以一般情况下人类和动物都不敢轻易接近它们。

红带箭毒蛙又叫莱曼箭毒蛙，数量稀少，已经处于极危状态。

毒性最强

　　金箭毒蛙是世界公认毒性最强的两栖动物之一。它们的毒性是普通箭毒蛙的十几倍，一只金色箭毒蛙皮肤中的毒液足以杀死 10 个成年人。金色箭毒蛙通体金黄或是橘红，颜色十分耀眼。这种箭毒蛙有时会过起少量群居的生活。

　　箭毒蛙的脚趾上有细小的吸盘，能在光滑的树叶和树枝上来去自如。

跳跃高手——青蛙

青蛙是跳跃高手，它们的后腿非常有力，不仅能在陆地上跳跃，还能在水里划水游泳。

动物名片

- **体长**：6~20厘米
- **食性**：肉食（如各种昆虫）
- **科**：蛙科

青蛙的眼睛可以敏锐地发现运动着的猎物，并能迅速判断猎物运动的位置、方向和速度。

运动健将

青蛙是运动健将，可以一下跳出很远，甚至跳出相当于它身体20倍的距离。同时，青蛙也是个游泳高手，游泳比赛中的蛙泳就是通过模仿青蛙的游泳姿势创造出来的！

动物秘密档案

青蛙的舌头又长又黏，可以在瞬间粘住经过的昆虫，然后迅速将猎物吞到嘴里。此外，它们的舌头还是攻击的武器，在争夺领地或向雌性争宠时，雄性也会使用舌头来互相攻击。

捕虫能手——蟾蜍

☆☆

蟾蜍俗称"癞蛤蟆"。它们的皮肤粗糙，全身布满了大小不等的圆形瘰疣（luǒ yóu），还长着一双突出的大眼睛。它们的舌头和青蛙的一样，是专门用来捕食的，而且捕到什么就吃什么。

动物名片

- 💠 **体长**：约10厘米
- 🍴 **食性**：肉食［如蜗牛、蛞蝓（kuò yú）、蚂蚁、甲虫与蛾类等］
- ➤ **科**：蟾蜍科

喜欢雨天

蟾蜍一般居住在洞穴中，在石头缝下和草丛之间，也能看到它的身影。白天，蟾蜍都会潜伏起来；到了黄昏，才会爬出来寻找食物。雨天是蟾蜍喜爱的天气，此时经常能看到它外出活动的身影。

动物秘密档案

蛙通常有光滑湿润的皮肤，大部分时间生活在水里或水源附近，擅长跳跃。而蟾蜍的皮肤很粗糙，不仅干干的，上面还有疣粒。蟾蜍行动缓慢，善于爬行，大部分时间都在陆地上生活。

多脚怪——北美巨人蜈蚣

北美巨人蜈蚣是名副其实的捕食高手，有时就连蜥蜴和鼠类也会沦为它们的口中餐。

动物名片

- **体长**：13~15厘米
- **食性**：肉食（以昆虫为主）
- **科**：蜈蚣科

多脚捕食

北美巨人蜈蚣会用多对对足紧紧抓住猎物，并咬住对方使之麻痹，然后再享用美食。

动物秘密档案

北美巨人蜈蚣疾行的速度可达每秒 0.5 米，能迅速追上猎物。

蜘蛛巨人——亚马孙巨人食鸟蛛

亚马孙巨人食鸟蛛是世界上最大的蜘蛛。尽管这种体形巨大的蜘蛛也吃鸟类和一些小型哺乳动物，但它们最喜欢的食物还要数昆虫。

动物名片

- **体长**：约12厘米，最长可达30厘米
- **食性**：肉食（如昆虫、鸟类等）
- **科**：狒蛛科

天敌

大黄蜂是亚马孙巨人食鸟蛛的天敌。它们会事先将亚马孙巨人食鸟蛛蜇伤，使之麻醉，再把卵产在这种蜘蛛的体内。等黄蜂的幼虫出生，便会啃食亚马孙巨人食鸟蛛的肉体，完成自身的发育。

动物秘密档案

蜘蛛有很多眼睛，但它们视力并不好，大部分蜘蛛都选择在夜间觅食。这时，它们充分依靠前肢的触觉感受周围环境，捕捉猎物。

古老生物——中国鲎

中国鲎（hòu）也叫三刺鲎或马蹄蟹，是一种外形特别的古老生物。它们生长周期漫长，幼虫出世后，需要在 9 ～ 12 年蜕皮 16 次，才能成为成体，进行繁殖。在过去的 2 亿年中，中国鲎历经沧桑，却没有什么太大的变化，所以被称为"活化石"。

动物名片

- **体长**：约70厘米
- **食性**：肉食（如小型无脊椎动物、海葵等）
- **科**：鲎科

靠岸繁殖

每年夏季，中国鲎会成群结队地从海中到沙滩上产卵。雌性中国鲎在柔软的沙滩上挖洞，将上百粒小卵产在沙洞中。接下来，雄性中国鲎便会把精液洒在这些小卵上。幼鲎没有成熟之前，不能到深海中生活，只能栖居在浅海。在产卵结束后，中国鲎会在秋天来临之时返回深海。

原始的"过滤器"——海绵

海绵是一种体壁布满小孔的多细胞原始动物。虽然它们没有神经系统，没有肌肉，也没有胃，但却拥有其他动物所不具备的特殊功能。

海绵有"千口"

海绵身上布满了无数小孔，是外界通向海绵中央腔的入口。当流动的海水涌过来时，这一张张"嘴巴"就会将水中的浮游生物连同海水一起吞下，然后启动"过滤系统"，留下美味的食物。至于那些没用的水，则会通过一个大"出水口"被排出体外。

动物秘密档案

即使海绵被伤害得体无完肤，奄奄一息，只需要一段时间休养，它们就能重新变得生机勃勃。

出水口

动物名片

🍴 **食性**：杂食（如浮游生物、光藻类、细菌等）

📍 **分布**：世界浅海水域

进水口

海洋活化石——鹦鹉螺

鹦鹉螺曾是海洋中最繁盛的动物群体之一。它们经历了动物大灭绝的考验，一直存活至今，而且外形、习性几乎没有变化。它们也因此被称为海洋中的"活化石"。

动物名片

- **体长**：16～20厘米，最大可达26.8厘米
- **食性**：肉食（如虾、蟹等）
- **科**：鹦鹉螺科

与章鱼是同类？

你相信吗？美丽的鹦鹉螺其实并不属于海螺，它与章鱼、乌贼才是同类。不过，在漫长的演化历史中，章鱼和乌贼的壳消失了，变成了现在这般模样，唯独鹦鹉螺的模样演化到现在仍然没有多大的变化。

动物秘密档案

鹦鹉螺的壳有很多横断"隔板"，把它们的壳分成了若干空间。这些壳室里充满了气体，中间有细管相连。它们通过调节细管气体控制浮沉与方向。科学家们通过研究鹦鹉螺的结构，还获得了潜艇的设计灵感。

背着"小房子"的寄居蟹

寄居蟹腹部柔软，为了保护自己，它们要寻找一座"房子"住进去。这时，它们就会挑选海螺壳以及其他贝类壳，占据人家的硬壳。

不停地换新房

无论走到哪里，寄居蟹都会背着重重的壳。随着身体的增长，寄居蟹还会不断更换新的"房子"。

动物名片

- 体长：5 ~ 15厘米
- 食性：杂食
- 科：寄居蟹科

家 族庞大的虾

虾是一种生活在水中的节肢动物，属节肢动物中的甲壳类，种类很多，包括南极磷虾、龙虾

被迫迁徙

美洲龙虾有成群迁徙的习性。迁徙时，通常有一个"领导者"带队，其他成员跟随它的脚步列队整齐地缓慢行进。对于美洲龙虾迁徙的原因，目前还没有确切定论。但生物学家普遍认为，它们是受水温下降的影响才被迫迁徙的。

动物名片

- 食性：杂食
- 分布：太平洋、印度洋暗礁、珊瑚丛等

珊瑚礁中的"清洁工"

清洁虾是尽职的"清洁工"。它们栖息在珊瑚礁中，为各种鱼类和海生动物吃掉身上的坏死组织以及寄生虫。被它们服务的动物，就像做过美容一样，干干净净。

蝉形齿指虾蛄

　　蝉形齿指虾蛄也叫绿虾蛄，长得非常漂亮。但是，这种虾蛄生性凶狠，捕食猎物时非常残暴。它们常隐匿在海底洞穴中，等猎物经过时出其不意地发动袭击，顷刻间令对方毙命。

南极磷虾

　　南极磷虾是南极生态系统的重要物种，关系到当地食物链的平衡与稳定。它们常以每立方米数十万只的密度聚集在一起，形成声势浩大的巨型群体。

动物 秘密档案

　　南极磷虾的蛋白质含量十分出众，正因如此，一些大型哺乳动物和鸟类才会选择这种小虾当作最佳的"能量补充剂"。

美丽的杀手——水母

水母看起来很温柔，但它们却是肉食动物，靠特有结构——刺细胞来捕食和防卫。

动物名片

- 🍽 **食性**：杂食（如有机质、浮游生物、微小生物等）
- 📍 **分布**：世界各地的海洋中

体形最大

狮鬃水母是世界上体形最大的水母之一。它们的触手上布满了感受器，能预知未来十几个小时内将要来临的风暴。这种水母的生命力十分顽强，即使遭到敌人的猛烈攻击，伤损严重，它们也能在很短的时间内迅速重生。

剧毒

僧帽水母居无定所，终日在大海上漂泊。它们的触须长得惊人，最长的甚至能达到 20 多米。在这些触须上密密麻麻地分布着刺细胞，成千上万的刺细胞产生的毒素，足以与毒蛇的剧毒相比。

动物秘密档案

海蜇是水母的一种。它们的营养价值特别高，早在我国晋代，就有食用海蜇的记录。

八爪智多星——章鱼

章鱼拥有非常发达的感官和聪明的头脑，触手上还长有密密麻麻的吸盘。

"智多星"

章鱼作为"智多星"可不是随便说说的。它能够认出镜子中的自己，还能够走出科学家专门设计的迷宫，甚至还能用触手打开食品罐的盖子，吃到里面的食物。

蓝环章鱼虽然只有高尔夫球大小，但它具有神经性剧毒，毒性比眼镜蛇毒还要高50倍，动物和人类一旦被咬，就会全身麻痹而死。

动物名片

- 体长：0.12~5米
- 食性：肉食（如虾、蟹、鱼类、蛤蜊等）
- 科：章鱼科

章鱼触手的每个吸盘上都有上千个化学感受器。平时，章鱼就是用触手感受环境变化、捕捉猎物的。

海洋中的热带雨林——珊瑚虫

珊瑚礁是由无数珊瑚虫的石灰质骨骼，经过世世代代累积形成的，这个神秘的"部落"是众多海洋生命的栖居之所。经统计，约有 1420 多个生物物种生存于珊瑚礁，所以珊瑚礁也被称为海洋中的"热带雨林"。

珊瑚中的瑰宝

红珊瑚是珊瑚中的瑰宝。它们生长在深海里，生命周期甚至有千万年，是生命周期最长的动物之一。红珊瑚只需要极少的营养成分就可以顺利生长，生命力极其顽强。

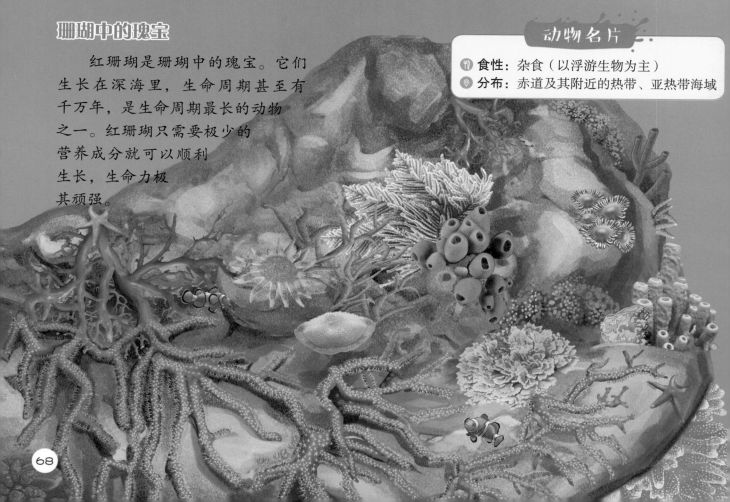

动物名片

🍴 **食性**：杂食（以浮游生物为主）
◎ **分布**：赤道及其附近的热带、亚热带海域

亲密共生

珊瑚虫和虫黄藻是共生关系，每立方毫米的珊瑚组织里，就生活着30000多个虫黄藻。珊瑚虫能为虫黄藻提供所需的二氧化碳和养分，虫黄藻会在进行光合作用时，给珊瑚虫补充营养。

酷似鹿角的珊瑚

鹿角珊瑚因外形酷似鹿角而得名。这种珊瑚容易形成巨大的树状群体，常常生活在水流较为湍急的地方。鹿角珊瑚颜色各异，是珊瑚家族中兄弟姐妹最多的种类。

绿色气泡珊瑚

绿色气泡珊瑚是石珊瑚的一种。它们体内有大量的虫黄藻，能进行光合作用，因此非常喜欢阳光。白天，它们看起来像气泡一样晶莹剔透。当泄气时，我们又能清晰地看到它们的骨架。

动物秘密档案

珊瑚虫最适宜生活在 22~28℃ 的浅海，所以珊瑚礁、珊瑚岛都分布在热带、亚热带海域。

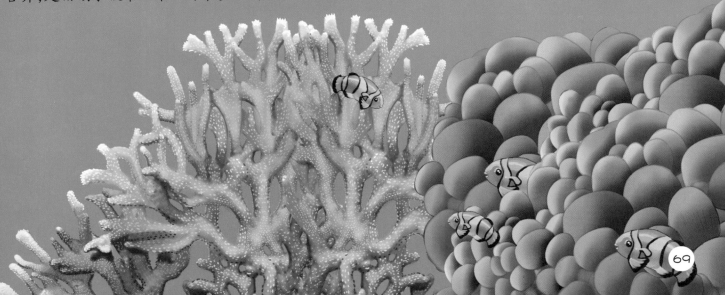

全身都是软骨的七鳃鳗

七鳃鳗属圆口纲，是低等脊椎动物。它们因为没有上下颌，也被称为无颌鱼形动物。七鳃鳗身体裸露，没有鳞片，全身都是软骨。它们大都过着寄生或半寄生的生活，大型鱼类及海龟往往是它们的最佳寄生对象。

动物名片

- 体长：15～95厘米
- 食性：肉食（如鱼类、无脊椎动物等）
- 科：七鳃鳗科

欧洲溪七鳃鳗体形较小，一般分布在欧洲淡水水域，不会迁移到海中。

因鳃孔而得名

七鳃鳗科成员因眼睛后面、身体两侧各有7个鳃孔而得名。但因这7个鳃孔与眼睛排成一行，它们也被叫作"八目鳗"。

成长之路

七鳃鳗科成员一般在死前才会产卵，这也许是为了生命的延续。当卵变成幼体，长到7～17厘米时，它们开始向成体变形，这个变形过程通常需要3～6个月。

海七鳃鳗有两个背鳍，是大型物种。它们常附着在鲨鱼身上生活。

七鳃鳗刚出生时发育不完全，眼睛是看不见东西的。在它们长成成体后，眼睛才会具备视觉功能。

附着而食

七鳃鳗的口就像一个漏斗，里面分布着一圈一圈的齿。当它们用这个"漏斗"吸附在大鱼身上时，会像吸盘一样吸得又牢又紧。平时，它们会用角质齿锉破大鱼的皮肤，吸食血肉。

欧洲溪七鳃鳗

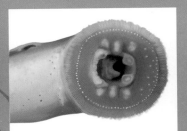

海七鳃鳗

长着棘刺的背棘鳐

☆ ☆

背棘鳐多栖息在海底，喜欢昼伏夜出。它有着宽大的体盘，游动时好似在水中飞翔一样，姿态十分优雅。

动物名片

- 🐟 **体长**：1~1.2米
- 🍴 **食性**：肉食（如小鱼、甲壳类动物等）
- ➡️ **科**：鳐科

从背棘鳐腹面观察，你会看到完全不同的外表。

棘刺

听名字就能想象到背棘鳐的样子。它们的鳍部和尾部长满了棘刺。雌性背棘鳐的棘刺比雄性的要长。

会放电的电鳐

电鳐泳姿独特，胸鳍和头部之间有一个神秘的发电器官，能够轻易电晕猎物。一般情况下，人类和动物都不敢招惹它们。

石纹电鳐

石纹电鳐体表分布着很多花纹，当它们隐藏在泥沙里时，几乎能与周围环境融为一体。传说古希腊人在做手术时，就曾用它们电晕病人。

双电鳐

双电鳐也是一种能发电的双鳍电鳐科鱼类。它们外表靓丽，身上有铜钱大小的黑色圆环。

动物名片

- **体长**：可达1米
- **食性**：肉食（如鱼类、甲壳类动物、水生蠕虫等）
- **科**：双鳍电鳐科

动物秘密档案

电鳐喜欢把自己埋在泥沙中，静候猎物出现。大型电鳐发出的电量有时足以麻痹一个成年人，所以猎物们只要被电到，逃生的概率很小。

貌似风筝的魟
☆ ☆

　　魟（hóng）的身体又扁又平，后面还拖着一条长尾巴，就像风筝一样。它们平时伏于水底或把自己埋在泥沙中，这种方式不仅可以躲避敌人，还能偷袭猎物。

蓝斑条尾魟

　　蓝斑条尾魟颜色鲜艳，不仅身上有蓝色斑点，尾巴上还有蓝色条纹。它们游泳能力不强，只能以波浪状形式摆动体盘两侧前进。

赤魟

　　赤魟的眼睛和口都较小，它们在夜间活动。赤魟的尾刺有毒，常常挥动尾部进行刺击。

动物名片

- 体长：约35～70厘米
- 食性：肉食（如小鱼、小虾、蠕虫及软体动物等）
- 科：魟科

动物秘密档案

　　魟科鱼类有一条又细又长的尾巴，很像一条长鞭。长鞭上长着锯齿状的长刺，这是有毒的利器，能刺伤敌人，给对方以猛烈的打击。

大个头蝠鲼

蝠鲼是一群大家伙，连凶猛的鲨鱼见到它们也要避让三分。但实际上，蝠鲼性情是十分温和的。

游泳体态优美

双吻前口蝠鲼游动时体态优美，可快速游泳和潜水，潜水深度可超过1000米。有时为了种群交流和娱乐，它们也会跃出水面。

动物名片

- 🐟 **体长**：4.5～9米
- 🍴 **食性**：肉食（如浮游动物、小型鱼类等）
- ➤ **科**：蝠鲼科

动物秘密档案

双吻前口蝠鲼在进食时，会充分利用两侧的叶片。当水和食物被叶片拦截到口里后，水从鳃部过滤出来，食物被吞掉。

鬼鲨——银鲛

银鲛看上去有些懒洋洋的。它们长相怪异，西方人常称之为"幽灵鲨"或"鬼鲨"。

大西洋银鲛

　　大西洋银鲛长着一对大大的、绿色的眼睛，身体表面呈棕色，上面分布着白色的条纹，背鳍上有毒刺。大西洋银鲛是高寿物种。

动物名片

- 📏 **体长**：约1.5米
- 🍴 **食性**：肉食（如甲壳类、软体动物等）
- ➤ **科**：银鲛科

动物秘密档案

　　银鲛科的鱼类喜欢栖息在深海里，常常在晚上活动。

怪模样的双髻鲨

说起双髻（jì）鲨，人们的第一印象大概就是它那奇特的头部。头部前端向两侧突出，宛若少女别致的发髻，所以得名双髻鲨。

动物名片

- **体长**：1.8～2.5米
- **食性**：肉食（如乌贼、章鱼等）
- **科**：双髻鲨科

绝佳视野

双髻鲨圆圆的眼睛就在"髻"的两端，间距很远，看上去可能有些特别。不过，这样的分布却帮了它们的大忙，使它们具有360度全方位的视野。

动物秘密档案

在双髻鲨头上有灵敏的感应器官，可以探查到猎物的信号。这个特别的天赋，让它们能够更加轻易地捕捉到隐藏着的猎物，几乎每次捕猎都不会空手而归。

海洋杀手——大白鲨

大白鲨有圆圆的眼睛、巨大的嘴和十分锐利的牙齿。它生性凶猛，身姿矫健，是一些大型海洋动物的宿敌，堪称鱼中"杀手"。

大白鲨体表长满了盾鳞，形成小小的倒刺，猎物碰到就会鲜血直流。

大白鲨的牙齿锋利，颗颗背面都有倒钩。

动物名片

- 体长：4～6.5米
- 食性：肉食（如鱼类、海龟、海鸟、海狮等）
- 科：鼠鲨科

天生狩猎者

大白鲨嗅觉极其灵敏，哪怕是很淡的血液气味，它们在一定距离内也能嗅到。这些凶猛的狩猎者感官发达，能充分觉察出生物肌肉收缩时所产生的微小电流，据此判断猎物的体形和运动情况。所以，称它们是"天生狩猎者"一点也不为过。

海中老虎——鼬鲨

鼬鲨又称虎鲨，体形相对较大，且性情凶猛残忍，在捕猎时，会不停地攻击猎物，直到猎物死亡为止，因此有"海中老虎"的威名。

动物名片

- 体长：3～5米
- 食性：肉食
- 科：真鲨科

鲨鱼不贪吃

鲨鱼的新陈代谢不像其他鱼类那样旺盛，并不需要一直寻找食物。一般情况下，它们只有在体能缺乏的时候，才会主动出击，露出嗜血的那一面。

对人类威胁最大的公牛鲨

公牛鲨是唯一一种可以生活在咸水和淡水两种环境中的鲨鱼。公牛鲨几乎什么肉都吃，对人类的威胁也最大。

动物名片

- 体长：2.1~3.5米
- 食性：肉食
- 科：真鲨科

生性凶猛

公牛鲨生性凶猛，在海中敢与大白鲨激战，到了淡水中同样能与鳄鱼一决高下。

鲨中老虎——沙虎鲨

沙虎鲨也叫戟齿砂鲛或戟齿锥齿鲨，看名字就知道它们长着圆锥状的牙齿，这些牙齿参差不齐地长出嘴外，一副不好惹的样子。沙虎鲨白天懒洋洋的，到了晚上就会活跃起来。

动物名片

- 📏 **体长：** 3～3.4m
- 🍴 **食性：** 肉食
- ▶ **科属：** 锥齿鲨科

动物秘密档案

沙虎鲨会把空气吐下然后储存在胃里，控制自己浮潜。

幼崽也疯狂

沙虎鲨是卵胎生的，小沙虎鲨们在娘胎里就表现出凶猛好斗的本性。为了满足自己的胃口，小沙虎鲨们会相互搏斗、吞噬同类，所以雌鲨每次最多只能产下两条幼鲨。

慢性子的鲸鲨

鲸鲨是世界上最大的鱼类。鲸鲨体表散布着淡色斑点，还有纵横交错的淡色带，就像棋盘一样。

"外刚内柔"

鲸鲨重达十几吨，这简直可以与海中巨无霸——鲸鱼相媲美了。它们虽然外表惊人，但个性乖巧，不会轻易发怒，不具有攻击性。要论鲨鱼中谁最温柔，鲸鲨绝对能拔得头筹。

动物名片

- 体长：可达20米
- 食性：杂食（如小型鱼类、浮游生物等）
- 科：鲸鲨科

慢性子的深潜者

鲸鲨虽然也被归为鲨鱼，却是出了名的慢性子。它们喜欢独居，常常独自惬意地在海中巡游。除了通过吸入海水进食浮游生物，它们也会潜到1000米以下的深海寻找鱼卵。

濒临灭绝的姥鲨

姥鲨是仅次于鲸鲨的第二大鲨鱼。它们分布于全世界的温带海洋，平时特别喜欢懒洋洋地在海面晒太阳。

独特的捕食方法

姥鲨动作缓慢，平时进食也有一个"懒"办法：它们会张嘴吞入海水，水流从口中进入，再通过鳃部流出，像筛子一样将浮游生物过滤出来，然后咽下。

动物名片

- 体长：6.7～8.8米
- 食性：杂食（如浮游生物）
- 科：姥鲨科

濒临灭绝

姥鲨的肝脏很大，约占自身体重的25%。有些人为从中提取鱼肝油，获得经济利益，不惜大肆捕捉它们。虽然现在它们已经得到各国保护，但仍是不法分子盗猎的对象，处境十分堪忧。

泳技高超的蓝鳍金枪鱼

蓝鳍金枪鱼常成群活动，它们的速度最快可达到每小时 70 千米，但平时游速较为缓慢，每小时只游动 2~3 千米。

动物名片

- **体长：** 1.8~4.58米
- **食性：** 肉食（如鱼类、头足类、甲壳类等）
- **科：** 鲭科

美味原料

金枪鱼肉质鲜美，富含脂肪酸，是备受推崇的食用经济鱼类。作为一种佳肴，它们已经跻身于"刺身之王"的行列了。除了味道出众，金枪鱼肉对一些疾病的治疗效果也是非常理想的。

背着帆的旗鱼
★★

旗鱼因有一根利剑般的上颌骨而得名。它们的身体呈流线型，泳技高超，捕食功力更是十分娴熟。

背鳍的妙用

旗鱼的背鳍实际上是一种控速装置。当它们急速冲击时，背鳍紧紧贴附在脊沟内；需要减速时，它们只要展开大旗，就能轻松增加阻力，及时降速。

动物名片

- 体长：2～3.2米
- 食性：肉食（如小鱼、软体动物等）
- 科：旗鱼科

动物秘密档案

旗鱼"骁勇善战"，常用长吻攻击猎物，属于典型的肉食鱼类。它们活跃在200米以上的水层，有时也会跳出水面。

会飞行的飞鱼

飞鱼是鱼类中的明星，它们不仅长着"翅膀"，还拥有一项绝技——跃出水面后"飞行"可达数百米。在蔚蓝的大海上，这些灵动的滑翔者时隐时现，非常吸引人。

动物名片

- **体长**：约30厘米
- **食性**：肉食（如浮游生物等）
- **科**：飞鱼科

"飞翔"的秘密

飞鱼准备滑翔时，会事先将鱼鳍紧贴着流线型的身体，然后在水下全力加速，像箭一样冲出水面，接着连续几次滑翔。不过，对于飞鱼来说，这种展示也有生命危险，因为它们很有可能被经过的海鸟截杀。

逃生绝技

飞鱼不轻易滑翔，只有遭遇金枪鱼等大型鱼类攻击的时候，才会使用这种逃生绝技。

动物秘密档案

有关研究表明，飞鱼群也有领导者。倘若这个领导者冲出水面，那么后面会有大批"部下"跟随。

洄游的大马哈鱼

大马哈鱼是著名的冷水性经济鱼类，在世界渔业上的地位仅次于鲱鱼和鳕鱼。

"迁徙"名军

大马哈鱼是鲑鱼的一种，也是动物界的一支"迁徙"名军。每年的夏秋之际，生活在太平洋北部的大马哈鱼都会成批逆流而上，艰难跋涉4800多千米，到出生的河流上游的河床去产卵。抵达目的地后，它们便不再进食，直到产卵结束后才悲壮地死去。

动物名片

- 体长：约60厘米
- 食性：肉食（如昆虫、甲壳类、小型鱼类等）
- 科：鲑科

伪装高手躄鱼

躄(bì)鱼体表大多具有很强的保护色，是鱼类中有名的伪装高手。

大斑躄鱼

大斑躄鱼生活在浅海的珊瑚礁中。正像名字所表明的那样，它们的身上装扮着各种各样的斑点。

动物秘密档案

躄鱼科中的雌鱼会产下成团的卵，形状非常特殊，里面包含着 30 万粒卵粒。神奇的是，这些卵团还具有漂浮的能力。

动物名片

- 体长：6.5 ~ 15厘米
- 食性：肉食（如鱼、虾等）
- 科：躄鱼科

迷幻躄鱼

迷幻躄鱼因身上那让人眼花缭乱的白色放射状条纹而得名。它们不用刻意伪装，只要藏在绚丽的珊瑚礁中就能躲避危险。迷幻躄鱼除了能在海底缓慢行走外，还可以依靠鳃喷水产生的推力前进。

海洋中的刺猬——刺鲀

☆☆

刺鲀不善游泳，行动缓慢，浑身都长满硬刺。

保护自己

刺鲀标志性的特征就是体表长满了锋利的硬刺。这些硬刺平时伏贴在身上，一旦刺鲀遇到惊吓和攻击，就会努力吞大量的空气或水让自己膨胀成一个圆球，把体表硬刺竖立起来，抵御敌人的进攻。

动物名片

- 体长：可达91厘米
- 食性：肉食（如贝、螺、虾、蟹等）
- 科：刺鲀科

动物秘密档案

刺鲀科鱼类幼年时期多随海水漂游生活，成年之后则会选择一处岩礁浅水区栖息。

体色艳丽的蝴蝶鱼

☆☆

蝴蝶鱼拥有十分艳丽的体色，是著名的观赏鱼。它们生性胆小，只要受到一点惊吓，就会迅速躲入珊瑚礁或岩石缝中。

扬幡蝴蝶鱼

扬幡蝴蝶鱼因喜欢在海面上巡游，背鳍常露出水面而得名。这种鱼体纹特征明显，有 5 条从背鳍延伸向头部的暗色斜线，体下方有 10 条斜线。

领蝴蝶鱼

领蝴蝶鱼很容易辨认，它们的眼后有一条灰白色的横带，还有一条橘色的小尾巴。

动物名片

- 🐟 **体长：** 可达23厘米
- 🍴 **食性：** 肉食（如浮游甲壳动物、珊瑚虫、蠕虫、软体动物和其他微小生物等）
- ▶ **科：** 蝴蝶鱼科

色彩鲜艳的小丑鱼 ☆☆

小丑鱼也叫眼斑双锯鱼，因脸上的白色条纹好似京剧中的丑角而得名。这也是让它们成为受欢迎的观赏鱼的一个原因。

动物名片

- **体长**：约11厘米
- **食性**：肉食（如小型无脊椎动物等）
- **科**：雀鲷科

共生关系

海葵触手中含有有毒的刺细胞，很多海洋动物都难以接近。但体表有保护性黏液的小丑鱼却不怕，它们似乎与海葵达成了某种默契。平时小丑鱼漫游在海葵的周围，为其吸引一些小鱼当食物；而小丑鱼一旦遇到危险，就会躲到海葵的保护伞下。

爸爸孵化宝宝——海马

海龙科鱼类虽然没有什么食用价值，却被视为很名贵的中药原料。而且，本科鱼类观赏性极高，很多成员都是海洋馆的宠儿。

动物名片

- 体长：约2.4～17厘米
- 食性：肉食（如浮游动物、小型甲壳类）
- 科：海龙科

刺海马身上长着很多发达的小刺，只有尾巴上的不太明显，这些小刺尖端基本都是黑色的。

爸爸孵化后代

雄性抚育后代是海龙科鱼类中普遍存在的特性。一般来说，雌鱼会将卵产于雄鱼的育儿囊内，随后，卵在囊内受精发育。几周后，许多海马宝宝就会在爸爸的育儿袋里出生。

巴氏豆丁海马

　　巴氏豆丁海马是世界上最小的海马之一。它们有着肉质的头部和身体，吻部很短。巴氏豆丁海马具有极佳的保护色，善于伪装，这让它们在栖息的柳珊瑚中很难被发现。

叶海龙

　　叶海龙也属海龙科。它们身上布满了形态优美的"绿叶"，这让它们在游动的时候摇曳生姿，因此得到了"世界上最优雅的泳客"的称号。

动物秘密档案

　　海龙科的成员们喜欢将长长的尾巴卷附在海藻上，这能让它们的身体保持平衡，就算水流再大，也不用害怕被冲走。

93

凶残好斗的淡水鱼——斗鱼

斗鱼科的鱼是生活在淡水中的小型鱼类。它们个头不大，体表颜色艳丽，可是脾气却很不好，以凶残好斗而著名。

暹罗斗鱼

暹罗斗鱼以美丽和善斗而闻名。它们长着特殊的迷鳃，只需到水面吸入空气，就能直接获得氧气。

动物名片

- 体长：一般5~13厘米
- 食性：杂食（如浮游动物、甲壳类、水生昆虫、孑孓等）
- 科：斗鱼科

好战分子

当几条雄性的暹罗斗鱼相遇时，它们很快就会进入战斗状态。敌对双方鳃盖张开，各鳍竖起，急速而猛烈地相互冲撞，用嘴撕咬对方。很快，美丽的鱼鳍就会被撕碎，鳞片纷纷掉落。不过，战斗可不会轻易结束，直到战败的鱼逃跑或死亡为止。

圆尾斗鱼的尾鳍是圆
形的。相对来说，圆尾斗
鱼的搏斗能力比较差。

斗鱼什么时候最美

　　斗鱼在静止状态时，体色
比较晦暗；但当搏斗发怒时，
常常连自己的生命都不顾，此
时全身会放出炫目的金属光
彩，非常漂亮。

叉尾斗鱼的
尾鳍是叉形的，
是一群非常好斗
的鱼。

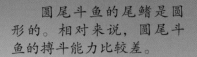

动物 秘密档案

　　斗鱼产卵前，雄鱼会先在水草多的水面上吐出
气泡，让雌鱼将卵产在气泡中。在这个过程中，雄
鱼会一直在旁边守护着。

鱼中"珍宝"——中华鲟

中华鲟出现在白垩纪，是最古老的珍稀鱼类之一，素有"水中大熊猫"的雅称。它们现今主要分布在我国长江流域，数量非常稀少。

洄游

中华鲟幼时从长江游入东海、南海的大陆架地带，到了一定年纪（约15岁）就会洄游到江河之中产卵繁殖。

动物名片

- 体长：40～130厘米，最长可达4米
- 食性：肉食
- 科：鲟科

濒临灭绝

鲟科鱼类生活在海洋以及比较大的河流湖泊中。它们寿命很长，不过可惜的是，因为人类的猎杀，鲟科的一些鱼类正面临灭绝的危险。

鲟鱼的口长在头的腹面，善于伸缩，旁边还有感官灵敏的吻须。